BARCELONA

CIUDAD DE SENSACIONES

Texto
Màrius Carol

Fotografías
Paco Elvira

Toni Catany
Antonio Espejo
Ramón Manent
Xavier Miserachs
Manel Pérez
Martí Pié
Ramón Raventós
Archivo Lunwerg

LUNWERG
EDITORES, S.A.

Creación, diseño y realización de Lunwerg editores.
Reservados todos los derechos.
Prohibida la reproducción total o parcial sin la debida autorización.

ISBN: 84-7782-437-1
Depósito legal: B-21770-1997

LUNWERG EDITORES
Beethoven, 12 - 08021 BARCELONA - Tel. (93) 201 59 33 - Fax (93) 201 15 87
Sagasta, 27 - 28004 MADRID - Tel. (91) 593 00 58 - fax (91) 593 00 70

Impreso en España

BARCELONA,
CIUDAD DE SENSACIONES

Desde el mar, Barcelona se nos aparece como una línea del cielo que delimita Montjuïc, una montaña de apenas 173 metros, en su extremo sur y dos torres gemelas, de 44 plantas, asentadas sobre una larga playa, en la punta norte. Si el promontorio natural fue almena para vigilar las oleadas bárbaras que llegaban por mar desde que se asentaron los romanos, los rascacielos son los centinelas de los tiempos modernos que observan la invasión pacífica de los turistas y los ejecutivos en viaje de negocios.

Pero a Barcelona también se la puede ver desde lo alto de otra montaña, que es un referente natural de la ciudad, el Tibidabo, de 512 metros y cerca de cuya cima está clavada, como si fuera una jabalina olímpica desviada de su trayectoria, la torre de telecomunicaciones de Norman Foster, un mirador desde el que la urbe se despliega ladera abajo hasta el mar. Un cantante añejo dedicó una letra a esta ciudad en la Barcelona en blanco y negro de los cincuenta y la comparó poco menos que a un mantel que se extiende «desde el Tibidabo al mar». El Tibidabo es el pico más alto de la sierra de Collserola, que corona la parte alta de la capital de Cataluña, como si fuera una cenefa verde. Desde allí el visitante puede intuir que no hay una Barcelona, sino un montón de ellas que, como si estuvieran impregnadas de una fuerza centrífuga, se expandieron a partir de ese corazón amurallado de la Barcelona que fue romana y visigótica, antes de ser la capital de un imperio mediterráneo. Pero hubo que esperar al siglo XIX, cuando se derribaron las murallas, para que ese músculo cansado irrigara todo el llano, convertido en pocos años en una

urbe como las que soñó Verne. De este modo, la altura permite descubrir, rodeando este núcleo primigenio abigarrado y antiguo, un ensanche de cuadrícula y ventilado, a quien el autor francés Jules Romains comparó a un Manhattan doméstico. Eso es así hasta que el urbanismo del tiralíneas llega a las colinas, que en Barcelona son casi tantas como en Roma, y la ciudad nos recuerda que es confín de gentes nacidas en esa piel de toro con la que dialogaba en sus poemas Salvador Espriu.

La escritora barcelonesa Maria Aurèlia Capmany, que ocupó el sillón de la Cultura en el gobierno de la ciudad, solía afirmar que Barcelona era una ciudad hecha por acumulación, posiblemente porque nunca fue lo bastante rica para echarlo todo abajo y volver a empezar de nuevo. Y la ciudad renacentista se apoyó en la medieval y ésa se levantó antes sobre la Barcino romana, que aprovechó los cimientos de un primer poblado ibérico. Toda la historia de la capital catalana es visible, fragmentada o entera, como si fueran unos fascículos amontonados de la historia de la urbe. El cineasta Federico Fellini comentó en este sentido que Barcelona era un plató inagotable que permitía recrear, sin apenas recurrir a la imaginación, cualquier paisaje de la crónica del mundo. Y Leonardo Sciascia supo ver en esa diversidad una ciudad literaria superpuesta a una ciudad real, propia de esos lugares que se acercan a la idea de felicidad cuando uno va o cuando uno vuelve.

Hemos visto la ciudad desde el Mediterráneo y desde la cordillera que le da sombra. ¿Pero por dónde empezar a recorrerla? Georges Simenon sugirió en su día las Ramblas, entusiasmado por esa multitud que hormiguea el paseo, por sus quioscos de flores y periódicos, por sus tabernas y palacios, y por su misterio. Pero a Somerset Maugham le parecía que esa avenida que da al mar es una de las calles más bellas del mundo. Más o menos como pensaba Pablo Picasso, Henry Miller o Alexander Fleming... «Sí, a mí que me gustaba tanto, en Roma, sentarme cerca del Tíber, y en Barcelona, al caer la tarde, subir y bajar cien veces las Ramblas...», escribió Jean-Paul Sartre en *La náusea*.

Un corazón que empezó a latir hace 2.000 años

Las Ramblas era hace poco más de doscientos años un torrente embrutecido por la inmundicia, hasta que el ingeniero militar Pedro Cermeño convirtió la cloaca en paseo, coincidiendo con el derribo de la muralla medieval. Entonces, a una y otra margen del paseo, se construyeron palacios neoclásicos junto a conventos renacentistas, que ennoblecieron la Rambla, mientras la ciudadanía conquistaba la avenida arbolada, hasta convertirla en un referente de la ciudad en el mundo. Hoy más que nunca, las Ramblas, entre el Eixample burgués y ese mar de la cultura que es el Mediterráneo, es la tarjeta de visita de Barcelona. Un río de nuevo, pero esta vez de gentes de toda suerte y condición, que se confunden con los forasteros que intentan descubrir el alma de la ciudad que anida en esas Ramblas, que resultan un espectáculo de luz y color, con derecho a entrada por el sólo hecho de dejarse llevar por la torrentera humana. A modo de circo improvisado, es posible encontrar en cada esquina hombres-estatua, músicos callejeros o vendedores de poemas. Las Ramblas, delimitadas por la fuente de Canaletas, epicentro de los terremotos del barcelonismo victorioso y un monumento a Colón que nos ha quedado a modo de *souvenir* de la Exposición Universal de 1888, posee

quioscos que no cierran nunca y puestos de flores abiertos a todos los sentimientos, pero también paradas de ventas de pájaros que son zoológicos en miniatura donde los niños se emboban como los naturalistas del siglo XIX ante el descubrimiento de los orígenes de las especies.

Las Ramblas dividen Ciutat Vella en dos realidades distintas, pero complementarias: una ciudad gótica y comercial y otra, en la que todavía es posible descubrir la huella de la ciudad portuaria y arrabalera. Pero antes de perderse por ellas hay que recordar que algunos de los palacetes que se configuraron en el siglo XVIII, encargados muchas veces por ciudadanos enriquecidos en el comercio con América, son hoy museos, como los palacios March, Moja o de la Virreina. Sin abandonar las Ramblas o asomándose a sus bocacalles es posible encontrar uno de los mercados más bellos del Mediterráneo, la Boquería; un auditorio como es el Gran Teatre del Liceu, que ni las bombas de los anarquistas, ni el fuego del destino, pudieron hacer desaparecer; el Café de la Ópera, que parece rescatado del París de Garnier; una plaza Reial, recinto porticado, donde puede tomarse una espumante cerveza a presión o descubrir herbolarios que saturan las sensaciones olfativas; el palacio Güell, un templo laico obra de Gaudí; el convento de Santa Mònica, donde la paz de los monasterios se ha trocado en los susurros de sorpresa que despierta el arte contemporáneo; el Hotel Oriente, donde se alojaron Washington Irving y Hans Christian Andersen; o el Arc del Teatre, arco de triunfo de todos los derrotados y verdadera puerta de acceso al Barrio Chino.

Pero junto a los baluartes arquitectónicos, hay locales que despiertan el interés del viajero, como ese Floridita autóctono que es Boadas; la pastelería Escribà, cuyo chocolate merece una parada; o Beethoven, una tienda de música arrancada de Salzburgo.

El Barrio Chino barcelonés, que el Ayuntamiento va esponjando con su política de ir creando pequeñas plazas «romanas» donde antes hubo edificios inmundos, ha sido recreado por escritores neorrealistas y autores de novela negra, posiblemente porque la realidad se impone a la imaginación en unas callejas que han visto asesinatos de líderes obreros y de prostitutas de leyenda. En ese barrio tan poco oriental a pesar de su nombre, fruto de la imaginación de un periodista local tras descubrir el Chinatown de San Francisco en un film de los años veinte, todavía hay muebles antiguos y meretrices añejas, pero también un recinto modernista maravilloso como el Hotel España, un restaurante con azulejos taurinos donde comer el mejor pescado como es Casa Leopoldo, o la única iglesia románica que resta en pie como es San Pau del Camp, levantada sobre un antiguo monasterio visigodo destruido por las tropas musulmanas de Almanzor. Traspasando la línea que la delimita por el oeste, camino de Montjuïc, aparece el Paral·lel, una vía bulliciosa donde antaño reinaba el *music-hall* y donde todavía son numerosos los teatros de variedades como el Arnau, el Victòria o El Apolo, así como los antiguos establecimientos como El Baile Apolo, verdadero *melting pot* donde se confunden los arquetipos de la ciudad. La estatua de La Violetera recuerda allí a la artista Raquel Meller. Mención aparte merece El Molino, auténtica joya que ha fascinado a artistas de Hollywood e intelectuales centroeuropeos durante el siglo. Este Moulin Rouge, que así se llamó durante un tiempo, posee una inimitable personalidad propia, y recuperó esplendor en los años cincuenta con la Bella Dorita en el escenario y los burgueses enriquecidos con el estraperlo en el patio de butacas. Tras una crisis en los ochenta, recuperó su empuje, al mismo tiempo que se remodelaba felizmente la fachada; en El Molino, la complicidad entre artistas y público es absoluta. Las posibilidades de ver sus espectáculos de cabaret son máximas, pues hay dos pases diarios y excepcionalmente tres los sábados.

La avenida del Paral·lel, que recibió este nombre de una tienda de vinos que en esta vía inauguró la cocinera del astrónomo Comas i Solà, que pretendía inmortalizar la medición que en 1794 se hizo del paralelo que pasa por Dunkerke y Barcelona, coincidiendo justo con el trazado de esta avenida. Lo que no pudo su tesón, lo consiguió su sirvienta, que popularizó el establecimiento hasta el extremo de que era una referencia que acabó en el nomenclátor. En el inicio de la calle puede observarse un tramo de la antigua muralla que protegía Barcelona durante el medievo y, pegada a ella, les Drassanes, las atarazanas del siglo XIII, bajo cuyos arcos se construían las impresionantes naves que testimoniaban el predominio de Cataluña en el Mediterráneo. En su interior, existe el Museu Marítim, que merece una visita y que resulta una verdadera atracción para los niños desde su rediseño, que incluye proas en movimiento de naves capitanas y paseos secos por los fondos marinos. En la sala de Pere III figuran los planos originales del Ictíneo, el primer ingenio submarino que proyectó Narcís Monturiol. Delante de les Drassanes está el puerto, de donde salen unas embarcaciones llamadas «golondrinas», que permiten una visita hasta el rompeolas y donde comienza un paseo perpendicular a las Ramblas, el paseo de Colón, con un diseño urbano sobre el mar, donde puede comerse al aire libre y donde uno de los restaurantes tiene una escultura que representa una gamba, de la que es autor Javier Mariscal, el «padre» de Cobi, la mascota olímpica de 1992.

En la frontera norte del Barrio Chino existe un conjunto de museos que entran como una cuña en el corazón de la ciudad medieval y donde el Museu d'Art Contemporani de Barcelona, el Centre de Cultura Contemporània de Barcelona, que desembocan en la Biblioteca de Catalunya, impresionante conjunto gótico. El MACBA es un espléndido edificio, que resulta un homenaje a la luz, obra de Richard Meier; el CCCB se ha convertido en uno de los espacios más innovadores, donde se reflexiona sobre la ciudad con la mirada puesta en el arte y se diría que cada exposición es una sorpresa excitante.

La otra margen de las Ramblas alberga uno de los conjuntos medievales más armoniosos de Europa. En realidad, antes se erigió en este mismo punto el núcleo central de la colonia romana, fundada por el emperador Augusto, hace dos mil años. Su foro romano coincide con la actual plaza de Sant Jaume, donde se alzan dos palacios medievales, que son sede de la Generalitat o institución de autogobierno de los catalanes, y la Casa de la Ciutat, organismo de gestión de los barceloneses. Allí donde hace viente siglos se trataban los negocios públicos hoy se abordan los asuntos igualmente públicos que afectan a Cataluña y a su capital mediterránea. En las inmediaciones queda la catedral igualmente gótica y el Palau Reial, con un Saló del Tinell, donde Cristóbal Colón fue recibido a su regreso del primer viaje al Nuevo Mundo. Pero el Barrio Gótico son asimismo tiendas de larga tradición donde se venden desde libros antiguos a artesanías en cera, sin olvidar antigüedades o reproducciones de joyas. Y pequeños museos, como el Frederic Marès, con su colección de escultura religiosa y la mejor terraza de la ciudad; el de Historia de la Ciudad, que permite descubrir las entrañas de la Barcino romana; o ese museo al aire libre que es el Call o antiguo barrio judío, que se puede reconocer con tiento y sin prisas, pegado a la plaza de Sant Jaume, donde estaba la única entrada al gueto.

A un corto paseo del Barrio Gótico, aparece la rectilínea Via Laietana, una calle ancha trazada en mitad del casco antiguo, que en 1907 amputó las viviendas de 2.000 familias con la piqueta como bisturí, a fin de relacionar el centro con el mar y con la intención de crear un corredor ventilado para la actividad comercial y bursátil. Las

nuevas edificaciones que recuerdan la escuela norteamericana de Chicago ocultan calles con interés a uno y otro lado y algunos recintos de gran singularidad, como es el Palau de la Música Catalana, templo modernista de Lluís Domènech i Montaner, con un espectacular escenario decorado con esculturas en relieve de Eusebi Arnau, mientras en la embocadura Pau Gargallo creó unos espectaculares grupos escultóricos en piedra, que homenajean a Anselm Clavé y a las jóvenes de Flor de Maig y también a Ludwing van Beethoven y la cabalgata de las walkirias. Muy cerca, el café Els Quatre Gats, una taberna de 1895 diseñada por Josep Puig i Cadafalch, que dio lugar a una de las tertulias intelectuales más vanguardistas, en la que participaron entre otros Santiago Rusiñol, Ramón Casas, Isidro Nonell, Miguel Utrillo y Pablo Picasso.

Casi como continuidad natural del Barrio Gótico, se levanta el marinero Barrio de la Ribera, con sus casonas del siglo XIV y sus callejas, de las que parecen emerger todavía estandartes medievales. Esta área pivota sobre una segunda catedral, la basílica de Santa María del Mar, de estilo gótico catalán, cuya espectacular belleza posee como valor añadido una acústica extraordinaria, que ha permitido acoger conciertos, que en esas paredes de piedra adquieren una solemnidad y un misterio desconcertante. Esta catedral de los comerciantes fue levantada en cincuenta y cinco años, y financiada por mercaderes y armadores. Su rosetón vidriado hace estallar su luz en el recinto como si quisiera representar un camino etéreo trazado por la Providencia. Colindante hay una plaza de ladrillo rojo, que simboliza la sangre de los que defendieron las libertades nacionales de Cataluña durante la guerra de Sucesión, en 1714. En el cementerio de la basílica, según la tradición, fueron enterrados los resistentes de la ciudad, a la sombra de unos árboles de ancha copa que dan nombre a este espacio público, el Fossar de les Moreres. En este barrio, que huele a salobre añejo, no hay que perderse una rúa de genuino diseño medieval, cuyos palacetes subrayan el esplendor de la Cataluña del siglo XIII, verdadero imperio del Mediterráneo: la calle de Montcada. Algunas de estas mansiones son hoy museo, como es el caso del Museu Tèxtil i de la Indumentària o el Museu Picasso, que en realidad penetra en tres palacetes distintos, donde se exponen tres mil dibujos y cuadros de la juventud del pintor, así como su serie *Las meninas* y una colección de piezas que dejó en testamento Jacqueline, la viuda del artista. Especialmente recomendados son dos establecimientos de la calle Montcada, un establecimiento de digna artesanía, Populart y una taberna, Xampanyet, donde reponerse con una copa de cava catalán, antes de continuar la visita.

Lindante con el barrio, figura el parque de la Ciutadella, 30 hectáreas que estuvieron ocupadas por una maciza fortaleza en forma de estrella y que mandó construir Felipe V para las tropas encargadas de mantener el orden en una ciudad que se había levantado contra el primer rey de la Casa de Borbón. Poco antes de la Exposición Universal de 1888, fue derruida y cedida su superficie a la ciudad. De la antigua fortaleza se conserva el arsenal que hoy es sede del Parlament catalán, que comparte su estancia con el Museu d'Art Modern (donde existe una magnífica colección de obras del Modernismo catalán); el palacio del gobernador, que actualmente es una escuela; y la capilla, que se abre durante celebraciones militares. Toda el área fue el núcleo principal de una muestra espectacular de novedades industriales de finales del siglo XIX, de la que se conserva el Castell dels Tres Dragons, que fue café-restaurante de la Exposición y hoy es museo de Zoología, así como el Arc de Triomf, que era el pórtico de la muestra. Cerca del castillo almenado de ladrillos rojos, de Domènech i Montaner, existe un Umbracle y un Hivernacle, este último es una típica construcción de hierro y vidrio, contemporánea en gustos y es-

tilo a los diseños de Eiffel. E incluso un Museu de Geología en una construcción pompeyana.

En cuanto a los jardines, fueron diseñados por el paisajista francés Jean Forestier, destacando una fuente monumental vagamente inspirada en la Fontana de Trevi de Roma, en cuyo proyecto participó el joven Antoni Gaudí. El parque incluye un zoológico, creado en 1902 y reinaugurado en los años cuarenta y cuya principal mascota es Copito de Nieve, un gorila albino nada común. A pocos metros de la entrada de la colección de animales, se levanta La Dama del Paraguas, una deliciosa fuente romántica, cuya figura se convirtió en uno de los símbolos de la ciudad en los años sesenta, lo que llegó a preocupar a uno de los ediles durante el franquismo pues el turismo podía pensar que la capital catalana era lluviosa como las metrópolis del norte.

Un cuadrado de oro en la cuadrícula burguesa

El Eixample barcelonés es el testimonio urbano de la pujante burguesía industrial catalana de la segunda mitad del siglo XIX y de principios del XX. El ingeniero Ildefons Cerdà proyectó una ciudad más allá del corsé de la vieja urbe y articuló extramuros una cuadrícula urbana de anchas calles y manzanas de viviendas de una hectárea con interiores ajardinados, con dos únicas vías que rompían la racionalidad de las perpendiculares: la Diagonal y la Meridiana, que era avenidas que impulsaban como puntas de lanza la dirección de crecimiento y la salida natural de la capital. Aquella burguesía que supo subirse al acelerado carro de la revolución industrial y que llegó a estar enfebrecida por el oro que generaban los negocios, apostó por un renacimiento cultural, que en el campo de la arquitectura permitió la creatividad de una generación de figuras que se implicaron en el movimiento Modernista, cuyos nombres más relevantes fueron Antoni Gaudí, Lluís Domènech i Montaner o Josep Puig i Cadafalch. Sobre todo gracias a ellos, Barcelona dispone de un museo al aire libre, que es conocido popularmente como un «quadrat d'or», una retícula de oro, que es una de las señas de identidad de la capital catalana y que además coincide con un área comercial y de ocio excepcional.

El Passeig de Gràcia es la calle más elegante de la ciudad y sigue el itinerario del antiguo camino que desde la ciudad vieja conducía a la villa de Gràcia, que hoy es un barrio más, aunque ha mantenido una personalidad propia. Esta ancha avenida arbolada posee elegantes edificios modernistas a ambos lados, junto con tiendas exquisitas, bulliciosas galerías comerciales, aparentes sedes de bancos, sofisticados restaurantes de moda y reputados establecimientos de arte. A uno y otro lado del paseo, frondosos árboles dan sombra y unos bancos modernistas con farolas de hierro forjado, obra de Pere Falques, invitan a hacer un alto en el camino y contemplar el espectáculo cambiante de gentes yendo y viniendo de aquí para allá. El pavimento es además un diseño de Antoni Gaudí.

A lo largo de los últimos cien años, el Passeig de Gràcia ha sido el termómetro que ha marcado la temperatura de la vida social barcelonesa. Si a principios del siglo XX era escaparate donde estacionaban los primeros coches y por donde desfilaban las parejas ante la mirada de sus mamás sentadas en las hileras de sillas, después fue el circuito preferido de endomingadas damas paseando a sus bebés durmiendo en elegantes cochecitos y, finalmente, tras un paréntesis de decadencia que coincidió con el final del franquismo, se recuperó como gran bulevar; se diría que es la calle más popular, algo así como los Campos Eliseos de Barcelona. Es más, aquí hubo un parque de atracciones con este nombre, con una gran montaña rusa, antes de que fuera una calle del Eixample. El Passeig

de Gràcia y su paralela, la Rambla Catalunya, constituyen la columna vertebral de la vida comercial de la ciudad, con sus tiendas de diseño y sus populares galerías. Este eje de las compras penetra por la avenida del Portal de l'Àngel hacia el corazón de la urbe y asciende por el norte hacia la Diagonal, desembocando más allá de Francesc Macià en establecimientos de los grandes modistos en el lado montaña y en l'Illa, Pedralbes Center y El Corte Inglés, por el lado mar de esta avenida que continúa en el campus universitario, camino de la autopista.

La manzana de casas más célebre (la manzana de la discordia) se encuentra precisamente en el Passeig de Gràcia. Fue llamada así porque en ella se levantan tres excepcionales edificios modernistas: En primer lugar, la Casa Lleó Morera, obra de Domènech i Montaner, con un ascensor de la época y cuyo entresuelo conserva la decoración original, aunque el mobiliario se encuentra en el Museu d'Art Modern, lo que permite imaginar la vida de la familia que la sufragó. En los bajos está la firma Loewe, que recientemente recuperó la estructura y ornamentación original, que comparte chaflán con la joyería Cartier. Después de las dos casas siguientes, una de las cuales alberga un curioso museo del perfume, se yergue la Casa Amatller, proyectada por Puig i Cadafalch, armoniosa conjunción de estilos en el que no faltan unas ventanas enrejadas góticas y moriscas; es sede del Instituto de Cultura Hispánica y en los bajos se ubica la Joyería Bagués, cuyos dueños reproducen con moldes y dibujos originales las joyas modernistas del gran maestro joyero Masriera. Y finalmente, la Casa Batlló, de Gaudí, con un tejado de azulejos que se cree que representa un dragón, mientras los balcones de hierro colado perforados para semejar máscaras aludirían igualmente a la leyenda de Sant Jordi, patrón de Cataluña.

A pocos metros de la Casa Batlló, en la calle Aragó, se halla la Fundació Tàpies, donde el artista cuenta con su propio museo y donde pueden verse exposiciones de vanguardia. Enclavada en la antigua sede de la editorial Muntaner i Simó, de ladrillo rojo visto, fue rehabilitada por un descendiente de Domènech i Montaner, Lluís Domènech y coronado por una escultura del propio Antoni Tàpies, denominada «Núvol i cadira», que adquiere verdadero relieve con los rayos del sol.

En el Passeig de Gràcia está igualmente la Casa Milà, conocida como la Pedrera y que es, sin duda, el edificio civil de Gaudí más visitado. Construida a principios del siglo XX, estaba concebida como un gran pedestal de piedra de Montjuïc, para un gigantesco grupo escultórico dedicado a la Virgen que nunca llegó a erigirse. Gaudí se muestra más innovador que nunca, con su fachada ondulante, que convierte al edificio en un verdadero monumento. Vale la pena visitar la terraza y descubrir en su azotea unas chimeneas que recuerdan los yelmos de héroes medievales. Desde allí pueden verse las agujas del templo de la Sagrada Familia; en la actualidad tiene su sede en ella la Fundació Caixa de Catalunya, entidad que ha permitido su rehabilitación y que organiza constantes muestras en la sala de exposiciones del entresuelo. A apenas cuarenta metros, se puede visitar uno de los templos de diseño de la ciudad: Vinçon. Está enclavado en una interesante vivienda, que fue el piso donde vivió el pintor modernista Ramón Casas. En Vinçon los escaparates son verdaderas obras de arte efímero y su interior reúne lo mejor del diseño que se realiza en Cataluña.

En su área de influencia hay otras edificaciones modernistas notables que merecen alargar el paseo, como la Casa Thomas, de estilo neogótico y que lleva la firma de Domènech i Montaner, en cuyos bajos se encuentra BD. Ediciones de Diseño, donde pueden adquirirse reproducciones de muebles de Gaudí. O como el Palau Montaner, sede de la Delegación del Gobierno, obra terminada por el mismo arquitecto modernista. La Casa Terrades o Casa de Les Punxes, en la Diagonal, con sus torreones acabados en pico y donde Puig i Cadafalch resolvió creativamente el problema que presentaba una manzana cerrada de forma irregular. Sin olvidar el Palau Quadras, del mismo arquitecto, un palacio neogótico que hoy es Museu de la Música. En la calle Casp se levanta la Casa Calvet, de Gaudí, perteneciente a una familia de comerciantes de tejidos y cuyos bajos permiten un solazado alto en el camino, pues en ellos se ha instalado un restaurante de ambiente modernista y cocina de mercado.

El recorrido por la Barcelona Modernista exige un cierto desplazamiento hacia los barrios del norte de la ciudad para completar su visión de conjunto. La Sagrada Familia ha dado nombre a todo uno de estos barrios, que sigue la cuadrícula del Eixample. Es la obra más grandiosa de Gaudí y por extensión se ha convertido en el emblema de Barcelona. En realidad, la obra originaria era un proyecto de Francesc de Paula Villar y un año después de iniciadas las obras, en 1883, el encargo pasó a manos de Gaudí que hizo de la improvisación una pauta de trabajo. Tras terminar el ábside, decidió irse a vivir al templo, a pie de obra. En 1921, coronó el primer campanario de la fachada del Nacimiento y tres años más tarde murió atropellado por un tranvía. El artista yace enterrado en la cripta del templo, cuya construcción han ido completando colaboradores directos del arquitecto, según dibujos y bocetos, aunque no sin cierta polémica. En el extremo más alejado del paseo que lleva el nombre de Gaudí y que nace en la Sagrada Familia, se encuentra el hospital de Sant Pau, obra extraordinaria de Domènech i Montaner, iniciada en 1902, integrada por pabellones entre jardines unidos por galerías subterráneas. A diez minutos del templo expiatorio se levanta la plaza de toros Monumental, la única donde durante la temporada pueden verse corridas y que cuenta con un museo taurino; creada en 1915 por Mas i Martorell, tiene un aire arabizante que subyuga. Y a tres calles de este recinto, Els Encants, el mercadillo de trastos viejos, donde buscando y regateando es posible encontrar insospechados tesoros.

Al pie de una de las colinas de la ciudad, al norte del barrio de Gràcia, existe un parque que constituye el jardín de los sueños de Gaudí; se trata del Parc Güell. Calificado por la Unesco como Patrimonio de la Humanidad por su excepcionalidad, fue pensado por el patricio catalán Eusebi Güell como ciudad-jardín, pero la envergadura del proyecto lo condenó al fracaso y solamente se edificaron dos viviendas, en una de las cuales residió el arquitecto antes de marcharse a vivir al pie de la Sagrada Familia. La urbanización, diseñada entre 1910 y 1914, permitió a Gaudí demostrar las posibilidades de una arquitectura inspirada en la Naturaleza y ensamblada en armonía con ella. Es visita obligada y resulta especialmente impresionante la entrada al recinto, con una fuente en la que deslumbra un dragón de mosaico y la sala de las cien columnas que aguanta una plaza circular, con un banco ondulante de cerámica rota, en cuya concepción colaboró Josep Maria Jujol.

Montjuïc y Tibidabo, dos jardines con vistas

Este Montjuïc desde el que divisamos Barcelona es un jardín con vistas de la ciudad, que cuenta con un Anillo Olímpico que sirvió de marco a los Juegos de 1992, pero también posee interesantísimas infraestructuras culturales. El estadio actual, de 70.000 espectadores, conserva la fachada neoclásica de uno primitivo, que en 1936 debió cobijar unos Juegos alternativos a los del Berlín, que Hitler quiso que fueran el escaparate del nazismo, y que en su versión popular jamás llegaron a celebrarse a causa de la Guerra Civil española.

Junto a él, puede visitarse el Palau Sant Jordi, una catedral laica dedicada al santo patrón, construida por el arquitecto japonés Arata Isozaki y un templo clásico, de Ricardo Bofill, sirve de sede al Instituto Nacional de Educación Física de Cataluña. Los nostálgicos pueden recorrer un pequeño museo a espaldas de la fachada del estadio, donde se conservan mascotas, recuerdos y medallas de los Juegos de 1992.

En Montjuïc no hay un museo, sino un rosario de ellos. La Fundació Miró, obra de Josep Lluís Sert, es uno de los centros artísticos más dinámicos de la ciudad, con continuas propuestas de vanguardia. Además, alberga la colección permanente de grabados, cuadros, esculturas y tapices de Miró, que pueden contemplarse con iluminación natural gracias a la concepción del edificio. El Palau Nacional, construido durante la Exposición Univesal de 1929, atesora la mejor colección del mundo de arte románico, con una serie de extraordinarios frescos del siglo XII, desgajados de las iglesias del Pirineo catalán para salvarlas del deterioro y el pillaje. Hay asimismo una importantísima colección de arte gótico de toda España, con una destacada representación de obras de Lluís Dalmau y Jaume Huguet, que corresponden al siglo XV. Otro recinto imprescindible es el Museu Arqueològic, alojado en otro palacio de 1929, donde destacan los hallazgos de la antigua colonia grecorromana de Empúries y una colección notabilísima de joyas visigóticas.

Pero Montjuïc ofrece muchas más posibilidades: desde un Poble Espanyol que resume la arquitectura y la artesanía de los pueblos de España, con 116 casas de enclaves distintos del país, pasando por el Pavelló Mies van der Rohe, versión reconstruida del original de 1929 que fue un ejemplo de arquitectura racionalista, hasta el propio castillo de la cumbre, del siglo XVIII y que contiene en su interior una colección de armas antiguas y maquetas de castillos medievales. Sin olvidar, unas fuentes luminosas, a pie de montaña, ideadas por el ingeniero Carlos Buigas y que los fines de semana resultan un gran espectáculo de luz y sonido, que tiene como telón de fondo el Palau Nacional y sus ocho rayos de luz.

La otra montaña urbana, el Tibidabo, posee un funicular que asciende hasta lo alto. Antes se recomienda coger un tranvía azul, que remonta la avenida del doctor Andreu, célebre farmacéutico que inventó unas populares pastillas para la garganta y que urbanizó esta avenida, además de construir un parque de atracciones en la cumbre. Durante el recorrido, se descubre el espíritu romántico del proyecto, así como la evolución del gusto modernista hacia otro «noucentista». El último giro del tranvía pasa al lado mismo de un Museu de la Ciència, que es lugar de constante peregrinación de escolares, y cuyo mejor cartel indicativo es el submarino de la puerta principal de acceso. Arriba, además del Temple Expiatori del Sagrat Cor, existe un parque de atracciones que nos retrotrae a la magia de aquellos escenarios de ocio de principios de siglo, aunque en los últimos años la oferta de diversión haya incorporado instalaciones de tecnología puntera. Pero la gracia de este parque doméstico es la convivencia de un avión o un ferrocarril aéreo de principios de siglo con el trepidante Huracán o la prodigiosa alfombra de Aladino, de instalación reciente. Allí puede verse un Museu d'Autòmats en un recinto de aire modernista, cuyos artilugios mecánicos hicieron las delicias de los niños de los años veinte y que hoy son una invitación a redescubrir el mundo fascinante de las diversiones de nuestros abuelos. Sin duda se trata de un museo único en el mundo. Junto al parque se levanta la torre de telecomunicaciones de Norman Foster, que ofrece la mejor panorámica de la ciudad y que según algunos permite, con ayuda de lentes especiales, intuir las Baleares en la línea del horizonte mediterráneo, en los días más diáfanos.

La medalla de la Barcelona postolímpica

Los Juegos Olímpicos permitieron la remodelación de la antigua zona industrial del Poble Nou, colindante con el mar y el nacimiento de un barrio nuevo: la Vila Olímpica. Lo que era un conglomerado de naves industriales, chimeneas de ladrillo y vetustos almacenes del siglo XIX, se convirtió en un barrio moderno con vistas al mar. A un mar igualmente recuperado para el ocio de los barceloneses, a lo largo de más de cuatro kilómetros de playa, donde hoy pueden encontrarse discotecas, restaurantes y bares de moda. Ese añejo polígono industrial urbano se transformó gracias al acontecimiento deportivo en un complejo de dos mil apartamentos que abarca sesenta hectáreas y espacios verdes que ocupan otra superficie similar. Lo que fue villa olímpica de los atletas, hoy es un barrio moderno y popular. En la zona se levantaron dos rascacielos, de 44 plantas, que son los más altos de España. Uno para oficinas y otra para hotel, en medio de los cuales se levanta una gigantesca escultura de un pez dorado obra de Frank Ghery. A su lado, el Port Olímpic es un espacio bullicioso, donde restaurantes marineros se disputan la clientela.

La vecina Barceloneta, el barrio de pescadores construido por el ingeniero militar Cermeño en 1753 para alojar a las gentes que quedaron sin casa al construirse la Ciutadella, se ha visto beneficiado por la mejora urbanística de su entorno, sin perder su alma marinera. Cafetines portuarios, restaurantes de buen pescado y rincones insospechados aparecen en cualquier esquina. Mientras, en el paseo que se llamó Nacional antes de ser dedicado a un rey sin corona, Don Juan de Borbón, se levantan establecimientos de diseño como vecinos de las viejas instalaciones marítimas. Al final del paseo y junto al Museu d'Història de Catalunya, donde se resume de forma entendedora la crónica de lo acontecido en esta vieja nación mediterránea, se enclava una de las propuestas más innovadoras de la Barcelona postolímpica, el Port Vell, más nuevo que nunca. Allí está el Aquàrium, el más grande de Europa en su género, que cuenta con una impresionante colección de tiburones, y donde es posible recorrer un corredor rodeado de agua por los cuatro costados por el que transitan las más variadas especies. Y el Maremàgnum, un conjunto de tiendas, restaurantes y recintos de ocio con vistas al mar, al que se accede también por un puente móvil de madera, que conecta las Ramblas con ese brazo de mar que es el Port Vell.

Una sorpresa que escapa a las guías en cada barrio

Pero Barcelona no es sólo eso. Cada barrio ofrece sorpresas que no siempre figuran en las guías al uso, de ahí que sea recomendable perderse por algunos de ellos, sobre todo aquellos con más historia, como Sarrià, Gràcia, Pedralbes o Sants.

En uno de los barrios residenciales, en Les Corts, está el museo más visitado de la ciudad, el del FC Barcelona, donde además de conocer la historia del club centenario, se pueden contemplar los trofeos ganados y los recuerdos de los futbolistas más emblemáticos, así como presenciar vídeos o sentirse presidente por unos minutos, ya que la entrada da derecho a sentarse en el palco de tribuna. El recinto se halla junto al estadio, obra de Francesc Mitjans y capaz para 120.000 espectadores. El Barcelona es uno de los clubs más poderosos del planeta, pero más allá de su potencial económico constituye un símbolo del catalanismo. No hay que perderse su tienda, donde es posible encontrar la versión azulgrana de cualquier producto que imaginarse uno pueda, desde vinos espumosos hasta juegos de cama.

En Pedralbes, puede visitarse el monasterio gótico que lleva el nombre de este elegante barrio residencial fundado por la reina Elisenda de Montcada, cuarta esposa del rey Jaume II. Parte de la colección de arte religioso del barón Thyssen se encuentra en las antiguas dependencias conventuales. La muestra incluye unas sesenta obras de autores tan conocidos como Fra Angelico, Canaletto, Veronese, Zurbarán o Velázquez. Relativamente cerca se encuentra el Palau Reial de Pedralbes, una antigua masía reconvertida en palacio, que Eusebi Güell ofreció a Alfonso XIII como residencia barcelonesa. Los visitantes pueden contemplar el trono sustentado por leones dorados, que fue diseñado para subrayar la dignidad del monarca. El palacio alberga también un museo de artes decorativas y otro de cerámica, todo ello en medio de un jardín romántico.

De entre los barrios que antes fueron ciudad destacan Gràcia, con sus plazas literarias como la del Diamant, glosada por Mercè Rodoreda, que cada mes de agosto se convierte en una verbena al aire libre con motivo de la fiesta mayor, y también Sarrià, en donde puede recorrerse un planetario, el entramado de casas señoriales anteriores a la guerra e incluso el colegio de las Teresianas, obra de la primera etapa de Gaudí, cuando estaba especialmente interesado por las soluciones arquitectónicas del arte gótico. Sin olvidar una pastelería cuyo propietario fue uno de los grandes poetas catalanes: Josep V. Foix.

Pero las guías no son como las ramas en ángulo para el zahorí, a la búsqueda de un manantial del agua. El viajero hará bien en recorrer aquellos escenarios que antes ha visitado con la imaginación, pero luego deberá guiarse por su intuición y perderse al encuentro de las muchas ciudades que hay en esa metrópoli moderna que es Barcelona. Una ciudad que en el último siglo ha conocido tres grandes transformaciones al hilo de dos exposiciones universales y de unos Juegos, como si necesitara una excusa formal para demostrarse a sí misma y al mundo de lo que es capaz. Barcelona es una ciudad con vocación de capital, aunque seguramente el no serlo la ha salvado de ser víctima de los arquitectos-funcionarios, de los urbanistas-funcionarios y de los alcaldes-funcionarios. Es una urbe que ha conseguido tener su papel en el entramado de grandes ciudades, siendo un poco París, un poco Nueva York y también un poco ciudad provinciana. Porque al lado de esta fascinación por los grandes espacios (parques como la Espanya Industrial, plazas como la de Els Països Catalans o barrios como la Vila Olímpica son un buen ejemplo), por las esculturas en la vía pública (Liechtenstein, Miró, Clavé, Botero o Pepper han erigido monumentos en los últimos años), o por los templos de la cultura (Auditorio, Teatro Nacional o el Museu Nacional d'Art de Catalunya son herencias postolímpicas), existe una ciudad capaz de ensimismarse con animadas placitas en el corazón de la Barceloneta o Ciutat Vella, de mantener el espíritu de tiendas tradicionales, que ganan el pulso al tiempo y de redescubrir el placer de las conversaciones en Canaletes o en los mercados municipales, que son escenarios donde el tiempo tiene un ritmo propio. Barcelona es una ciudad a escala humana, que ha sabido hacer un urbanismo para vivir mejor y que ha conseguido que sus habitantes se sientan orgullosos de serlo. Barcelona es una amalgama de sensaciones donde el primer placer está en sentir el sol del invierno sobre el rostro y tomar un café humeante en uno de sus cafés del centro. Donde pasear es todavía una inversión inteligente y donde la historia se escribe cada día porque el reloj de los nuevos tiempos sigue teniendo nuevos acontecimientos que señalar puntualmente. A lo mejor no es la mejor ciudad del mundo, pero está entre este puñado de capitales que siempre guardan un secreto por descubrir, porque nunca se las acaba de conocer totalmente. Esta Barcelona de las sensaciones, que como la describió Anthony Burgess no es prisionera de la realidad española, sino libre para reinar sobre la cultura múltiple de este mar en medio del cual, al fin y al cabo, hemos salido todos.

Màrius Carol

En la página anterior, el monumento a Colón, de Gaietà Buigas, para la Exposición Universal de 1888, corona una columna de 60 metros de altura. Sobre estas líneas, detalle del teatro de esculturas y fuentes de la plaza de Catalunya. A la derecha, la multicolor Font Màgica de Montjuïc, con el Palau Nacional -actual Museu Nacional d'Art de Catalunya- al fondo.

Previous page: Gaietà Buigas' Columbus monument for the 1888 Universal Exposition crowns a 60-metre high column. Above: a detail of the sculptures and fountains in Plaça de Catalunya. Right: the multicoloured Magic Fountain at Montjuïc with Palau Nacional - nowadays the Catalan National Art Museum - in the background.

En las páginas anteriores, el Palau de la Música Catalana, sala de conciertos modernista de Lluís Domènech i Montaner, y el italianizante Saló Sant Jordi del Palau de la Generalitat. Arriba, la galería de la planta noble del Palau de la Generalitat, de estilo gótico; a la derecha, interior de la basílica de Santa María del Mar, el único templo construido totalmente en estilo gótico catalán.

Previous pages: Palau de la Música Catalana, the art nouveau concert hall designed by Lluís Domènech i Montaner, and the Italianate Sant Jordi Hall in the Palau de la Generalitat. Above: the Gothic-style gallery on the first floor of the Palau de la Generalitat. Right: the interior of the Santa Maria del Mar Basilica, the only major church in pure Catalan Gothic style.

Monasterio de Santa María de Pedralbes, fundado en el año 1326 por Elisenda de Montcada.

Santa Maria Convent in Pedralbes, founded in 1326 by Elisenda de Montcada.

Les Drassanes, astillero medieval edificado por Pere el Gran en el siglo XIV, reconvertido en Museu Marítim.
En las páginas siguientes, la gran plaza circular del Parque Güell, sostenida por la Sala de las Cent Col·lumnes, las tres fotos siguientes
corresponden a La *Pedrera*, obra también de Antoni Gaudí, desde cuya azotea puede verse la Sagrada Familia.

Drassanes, the medieval shipyards built by Pere el Gran in the 14th century, nowadays house the Maritime Museum.
Following pages: the big circular plaza in Parc Güell, held up by the hall of the Hundred Columns. The three following photographs are
of La Pedrera, also designed by Antoni Gaudí; the Sagrada Família can be seen from its roof.

Agujas del templo de la Sagrada Familia. A la derecha, la Casa Batlló, igualmente de Gaudí,
que parece una alegoría de la leyenda de Sant Jordi y el dragón.

*The spires of the Sagrada Família. Right, the Batlló House, also by Gaudí, seems to be an allegory
to the legend about Sant Jordi (Saint George) and the dragon.*

El Palau Nou de las Ramblas es un edificio inteligente que permite contemplar la iglesia del Pi;
a la derecha, la Fundació Tàpies, coronada por la escultura «Núvol i cadira».

*Palau Nou in the Rambla is an intelligent building that allows the "Pi" church to be seen.
Right: the Tàpies Foundation, crowned by the "Cloud and chair" sculpture.*

Fachada del Ayuntamiento, en la plaza de Sant Jaume, que mira al Palau de la Generalitat.

Front of the City Hall in Plaça de Sant Jaume, opposite the Palau de la Generalitat.

El Correfoc es una de las manifestaciones populares de las fiestas de la Mercè, cuando una fauna fantástica toma las calles del centro de la ciudad lanzando fuego por sus fauces.

The whole populace can take part in the Correfoc during the Mercè festival, when fairy-tale fire-breathing animals take over the city-centre streets.

Fiesta popular en el rectángulo central del Poble Espanyol, que reproduce la plaza Mayor de Riaza, en Segovia.
En las páginas siguientes, una vista nocturna desde uno de los rascacielos de la Vila Olímpica,
donde se aprecia al fondo la silueta de la sierra de Collserola, con el Tibidabo iluminado y
la torre de telecomunicaciones de Norman Foster en penumbra.

Popular festival in the rectangular central square of Poble Espanyol, a copy of the Main Square in Riaza, in Segovia province.
The following pages show a nighttime view from one of the Vila Olímpica's skyscrapers. Notice the outline of Collserola in the background,
with Tibidabo lit up and the silhouette of Norman Foster's telecommunications tower.

En la página anterior: Cuatro visiones del Barri Gótic: detalle de un ángel junto a una de las torres octogonales de la catedral. Debajo, puerta de la fachada gótica de la Casa de la Ciutat y torreón del Palau Reial Major, residencia de los condes de Barcelona en el siglo XIII. Sobre estas líneas el veneciano puente de los Suspiros, que une el Palau de la Generalitat y la residencia conocida como Casa dels Canonges, sobre la calle del Bisbe.

Previous page: Four scenes from the Gothic District: a detail of an angel next to one of the cathedral's octagonal towers. Below: a door on the Gothic front of the City Hall, and the tower of the Royal Palace Major, residence of the Counts of Barcelona in the 13th century. Above venetian-style Bridge of Sighs connecting the Palau de la Generalitat and the residence known as the Casa dels Canonges (Canons' house), over Carrer del Bisbe.

Mercado de pintura en la plaza del Pi, a la sombra de la iglesia gótica del mismo nombre.

Art market in Plaça del Pi in the shadow of the similarly-named Gothic church.

En la página anterior, plaza de Sant Pere de les Puelles, con la iglesia del mismo nombre en el corazón del Casc Antic. La plaza Reial, junto a las Ramblas, cuyas farolas fueron diseñadas por Gaudí y la plaza «romana» de Sant Felip Neri vista desde la calle dedicada al santo. Sobre estas líneas, el Museu Picasso, enclavado en la calle Montcada, donde se encuentran magníficos ejemplos de casas-palacio de los siglos XV al XVIII.

Previous page: Plaça de Sant Pere de les Puelles with the church of the same name in the heart of the Old City. Plaça Reial off the Rambla, whose lamps were designed by Gaudí; the Roman Plaça de Sant Felip Neri seen from the similarly-named street. Above: the Picasso Museum is located in Carrer Montcada, where there are fine examples of city mansions from the 15th to the 18th centuries.

Terraza del Museu Marés, donde se divisa la alta aguja del cimborio de la catedral; la fachada fue terminada en el siglo XIX.
A la derecha, la nave central del templo está interrumpida por la sillería del coro.

The terrace of the Museu Marès, with the spire of the cathedral. The facade was not finished until the 19th century.
Right: the view down the central nave of the church is broken by the seats of the choir.

En las páginas anteriores, torre renacentista del Palau Reial Major. Sobre estas líneas el Saló de Cent del Ayuntamiento, del siglo XIV. A la derecha, interior del Saló del Tinell, donde los Reyes Católicos recibieron a Colón a su regreso de América.

Previous pages: the Renaissance tower of the Royal Palace Major. Above: the 14th century Saló de Cent (Hall of the Hundred) in the City Hall. Right: the interior of the Saló del Tinell (Dining Hall), where their Catholic Majesties received Columbus on his return from America.

Las Ramblas es la avenida más popular de la ciudad y donde los puestos de flores resultan su mejor decorado.

The Rambla is the city's best-loved avenue, well-adorned by its flower-stalls.

Umbracle del Parque de la Ciutadella, obra de Josep Amargós para la Exposición Universal de 1888.

The shade house in the Parc de la Ciutadella, designed by Josep Amargós for the Universal Exposition of 1888.

Fuente del Pla de Palau, que celebra la traída de aguas de Montcada a Barcelona.

The fountain in Pla del Palau, commemorating the arrival of water from Montcada in Barcelona.

Fuente del Parque del Clot que unifica la parte antigua y moderna de un espacio recuperado para la ciudad.
A la derecha, el lago artificial de la Creueta del Coll, con una escultura de Chillida al fondo.

A fountain in Parc del Clot combining the old and new parts of an open space reclaimed for the city.
Right: the artificial pond at Creueta del Coll with a sculpture by Chillida in the background.

Barcelona ha recuperado más de cuatro kilómetros de playas en los últimos años.

Barcelona has reclaimed over four kilometres of beaches in recent years.

La cascada del Parque de la Ciutadella, diseñada por Fontseré y Gaudí; sobre estas líneas, el pasadizo de cristal del Aquàrium que permite contemplar la reproducción del fondo marino.

The cascade in Parc de la Ciutadella, designed by Fontseré and Gaudí. Above: the glass passageway in the Aquàrium allows you to view the imitation seabed.

El Port Vell es uno de los más modernos centros de ocio, donde se ubica el Aquàrium y donde se celebran muestras artesanas.

The Aquàrium is in Port Vell, a super-modern leisure centre where craft fairs are held.

El puerto deportivo convive con el puerto de pescadores, con la Barceloneta como marco. En la página siguiente, la Torre del Rellotge de la Barceloneta y los dos rascacielos de la Vila Olímpica, junto a la escultura del pez dorado de Frank Ghery.

The leisure port coexists with the fishing port, in the Barceloneta docks. Next page: the Barceloneta Clock Tower and the two skyscrapers in Vila Olímpica, along with Frank Ghery's golden fish sculpture.

Paz y tranquilidad en la gran urbe.

Peace and quiet in the metropolis.

La concurrida playa de la Barceloneta y el final del Paseo Marítimo.

Barceloneta's busy beach where Passeig Marítim comes to an end.

Pista de «skating» en la Vall d'Hebrón. Plaza de Les Caramelles, un tranquilo rincón en un interior de manzana de Ciutat Vella.

Skating rink in Vall d'Hebron. Plaça de les Caramelles, a quiet spot inside an Old City block.

Monumento de cerámica de la norteamericana Beverly Pepper en la Estació del Nord; sobre estas líneas la original pasarela móvil que une las Ramblas con el complejo Maremàgnum.

A monument in ceramic at Estació del Nord by Beverly Pepper, the North American artist. Above: the unique mobile footbridge between the Rambla and the Maremàgnum complex.

La Vila Olímpica, que acogió a los atletas en los Juegos de Barcelona, es hoy un barrio de equilibrado diseño, con la firma de los arquitectos más prestigiosos de la ciudad.

Vila Olímpica, where the athletes were housed during the Barcelona Olympic, is now a well-laid-out district, with the stamp of the city's most prestigious architects.

Desde las laderas de Collserola, la ciudad declina hacia el mar.

The city sweeps down to the sea from the slopes of the Collserola.

Mirador privilegiado desde la décima planta de la torre de telecomunicaciones de Norman Foster. En las páginas siguientes,
la cima del Tibidabo, donde conviven el Temple Expiatori del Sagrat Cor, un parque de atracciones, la torre de Foster
y el Observatorio Fabra con su cúpula plateada.

*The tenth floor of Norman Foster's telecommunications tower is a fine vantage point. Following pages: the summit of Tibidabo,
where the Sacred Heart Expiatory Church, a funfair, Foster's tower and the Fabra Observatory with its silver dome are all to be found.*

La intersección de la Ronda Universitat con la calle Pelai, la vía con mayor tránsito de peatones.

Where Ronda Universitat and Carrer Pelai meet. Pelai's footpaths are always chock-a-block with people.

La calle Pelai desemboca en el inicio de las Ramblas y la plaza de Catalunya, la animación callejera resulta constante.
En las páginas siguientes, la plaza de Espanya, por donde asoma la escultura «Dona i Ocell», de Miró y el Museu d'Art Contemporani
de Barcelona, un homenaje a la luz natural, de Richard Meier.

Pelai leads to the Rambla and Plaça de Catalunya, where there is always lots of life. Following pages: You can see Miró's statue
"Dona i Ocell" from Plaça d'Espanya. The Museu d'Art Contemporani de Barcelona (Contemporary Art Museum)
designed by Richard Meier, a eulogy to natural light.

Edificios Trade, del arquitecto Coderch, en la avenida de Carles III y el rascacielos tumbado que alberga el centro comercial L'Illa.
En las páginas siguientes, las animadas terrazas del Port Olímpic con el pez de Ghery como decorado.

The Trade buildings in Avda. Carles III designed by Coderch, and the skyscraper-on-its-side that houses "L'Illa" shopping centre.
Following pages: the busy cafes in the Port Olímpic under Ghery's fish.

«Dona i Ocell», escultura de
22 metros de altura, en el
Parque Joan Miró.

*"Dona i Ocell", a 22-metre
high sculpture in Parc Joan Miró.*

Estadio Olímpico de Montjuïc, originariamente construido en 1928 y que fue remodelado para albergar los Juegos de 1992.
A la derecha, el Palau Sant Jordi, obra del japonés Arata Isozaki.
En las páginas siguientes, la torre de Telefónica, obra de Santiago Calatrava.

Montjuïc Olympic Stadium, originally designed in 1928 and redesigned to hold the 1992 Olympic games.
Right: Palau Sant Jordi, designed by Arata Isozaki from Japan.
Following pages: the Telefónica tower, designed by Santiago Calatrava.

Puente sobre la vía del tren
del ingeniero Santiago Calatrava

*A bridge over the railway-line
designed by the engineer
Santiago Calatrava.*

En las páginas anteriores, el castillo de Montjuïc y el parque de atracciones de la misma montaña. A la izquierda, la ronda del Litoral, con Montjuïc al fondo. Sobre estas líneas, una vista al atardecer de la Anella Olímpica, donde sobresale la sagita de Calatrava.

Previous pages: the castle and funfair on Montjuïc. Left: the "Ronda Litoral" (seaside ring-road), with Montjuïc in the background. Above: evening in the Olympic Ring, with Calatrava's "spear".

Barcelona,
City of Sensations

Seen from the sea, Barcelona appears as a line of sky bounded by Montjuïc, a mountain just 173 metres high to the south, and twin towers 44 floors high placed on a long beach to the north. While the natural promontory was a bastion used to survey the waves of barbarians who have arrived by sea since Roman times, the skyscrapers are modern sentries observing peaceful invasions of tourists and executives on business trips.

But Barcelona can be seen from the top of another mountain, too, which is the city's natural reference point: Tibidabo, 512 metres high, with Norman Foster's telecommunications tower jutting up close to the summit, like an Olympic javelin that took a wrong turn; below, the city spreads out down the slope all the way to the sea. An old singer dedicated a song to this city, the black-and-white Barcelona of the fifties, comparing it to a tablecloth that extended "from Tibidabo to the sea". Tibidabo is the highest peak of the Collserola range, which crowns the upper part of the city like a green frieze. From here, the visitor can make out not one but lots of Barcelonas, that expanded as if permeated by a centrifugal force from Barcelona's walled heart that was first Roman and then Visigothic before becoming the capital of a Mediterranean empire. But it wasn't until the 19th century when they demolished the walls, allowing the city to sprawl over the whole plain which in very few years became a city such as Verne might have dreamed of. So, the heights show us that this old, original, multicoloured nucleus is surrounded by an airy grid-plan extension

that the French writer Jules Romains compared to a domesticated Manhattan. The city continues so until it reaches the hills - almost as many in Barcelona as in Rome - and reminds us that it is abode to people born in that cowhide[1] that Salvador Espriu used to converse with in his poems.

The Barcelona writer Maria Aurèlia Capmany who was head of the city's Culture department, used to state that the city of Barcelona was formed by accumulation, perhaps because it had never been rich enough to knock everything down and begin again from zero. And the fact is that the Renaissance city is built on top of the Medieval city which in its turn was built above the Roman Barcino which built on the foundations of the original Iberian town. The whole history of the Catalan capital is visible, in parts or in whole, as if they were the heaped up instalments of its urban history. Commenting on this, Federico Fellini the film director stated that Barcelona was a never-ending set that allowed one to recreate any landscape from the history of the earth with hardly any recourse to the imagination. And this diversity caused Leonardo Sciascia to see, superimposed upon the real city, a literary city such as happens in those places that come close to the ideal of happiness when one leaves or when one returns.

We have seen the city from the Mediterranean and from the mountain range that it nestles under. But where should one begin one's tour? On one oc-

---

1. A name for Spain (translator's note)

casion, Georges Simenon suggested the Rambla, enthusing over the multitude that swarms up and down the avenue, with its flower and newspaper kiosks, its bars and palaces, and with its enigma. Moreover, Somerset Maugham felt that this avenue leading down to the sea is one of the most beautiful streets in the world. Pablo Picasso, Henry Miller and Alexander Fleming had much the same idea. "Yes, to me, who so enjoyed sitting by the Tiber in Rome, and in the late afternoon in Barcelona, walking up and down the Rambla a hundred times..." as Jean Paul Sartre wrote in "Nausea".

A heart that began to beat 2,000 years ago

Little more than two hundred years ago, the Rambla was a stream full of filth until a military engineer, Pedro Cermeño, turned the sewer into a walk, at the same time as knocking the medieval wall down. Then, neoclassical palaces were built to each side of the avenue, next to Renaissance convents, dignifying the Rambla, while the populace took over this tree-lined street, making it the whole world's point of reference in the city. Today more than ever, the Rambla, linking the bourgeois Eixample and that sea of culture - the Mediterranean - is Barcelona's calling card. Once again a river, but now a human one, humans of all sorts and conditions, mixed with the foreigners who are trying to discover the soul of the city which nestles here in the Rambla, forming such a show of light and colour, whose only entrance fee is to let yourself be carried along by this stream of humanity. Like an improvised circus, there are human statues, buskers and poetry-vendors to be found at every turn. The Rambla, stretching from the Canaletes fountain - meeting point when F.C Barcelona wins - to the Columbus monument that remains as a souvenir of the Universal Exposition

of 1888, has kiosks that never close and flower-stalls open for all emotions, as well as stalls selling birds that are like zoos in miniature where children stand spellbound like 19th century naturalists on discovering the origins of the species.

The Rambla divides the Old City into two differing, but complementary realities - the commercial Gothic centre, and that other where vestiges of the slums and the old port city can still be found. But before exploring them, it is worth remembering that some of the 18th century city mansions such as the March, Moja and Virreina, often built by citizens who had made their wealth trading with America, are now museums. Without leaving the Rambla or at most, just peering down the side-streets, we can see one of the most attractive markets of the Mediterranean: the Boqueria; a theatre that neither the anarchists' bombs nor chance fire have managed to cause to disappear: the Gran Teatre del Liceu; the Café de l'Ópera, which seems to have come straight out of Garnier's Paris; the arcaded Plaça Reial where you can have a frothy beer or find herbalists that will overpower your sense of smell; the Güell Palace, a lay temple by Gaudí; the Santa Mònica convent, where monasterial silence has been swapped for whispers of surprise at contemporary art; the Hotel Orient, where Washington Irving and Hans Christian Andersen stayed; and the Arc del Teatre, a triumphal arch of all the defeated, and veritable gateway to the Red Light "China Town" district.

But alongside these architectural bastions, there are shops that awaken the traveller's interest: Boadas, an indigenous little Florida; Escribà's cake shop, worth stopping at for its chocolate; and Beethoven, a music shop straight from Salzburg.

Barcelona's Red Light district, where the City Council is making open spaces with its policy of creating "Roman" squares where there were previously filthy buildings, has been recreated by neo-realist writers and detective novelists, perhaps because reality gets the better of the imagination in these narrow streets that have seen trade union leaders and well-known prostitutes assassinated. This most un-oriental district - in spite of its name, the fruit of a local journalist's imagination in the twenties after discovering San Francisco's China-town in some film - still contains old brothels and ancient whores, but it also has the marvellous *art nouveau* Hotel España; Casa Leopoldo - a restaurant decorated with tiled bullfighting scenes where one can eat excellent fish; and Sant Pau del Camp, the city's only remaining Romanesque church, built on the ruins of a Visigothic monastery destroyed by Almanzor's Muslim troops. Crossing its western limits in the direction of Montjuïc, we come to Paral.lel, a busy thoroughfare that used to be home to music-hall and where several review theatres such as the Arnau, the Victòria and El Apolo still exist, along with old establishments like El Baile Apolo, a real mixem-gatherem of all the human types in the city. The statue of La Violetera remembers the artiste Raquel Meller. El Molino demands a special mention: this is a real gem that has fascinated Hollywood artists and central European intellectuals for over a century. Known as Moulin Rouge at one time, it has a genuine character of its own, and recovered the splendour of olden times in the fifties with Bella Dorita on stage and the bourgeois enriched by the smuggling trade in the stalls. After a crisis in the eighties, it has come up again, and has tastefully redesigned the facade at the same time. In El Molino, there is complete complicity between artists and public. This cabaret ensures you have every chance to take in a show: there are two shows daily and on occasion, three on Saturdays.

Paral.lel avenue received its name from a wine-shop that the cook to the astronomer Comas i Solà opened, hoping to immortalise the measurement of the line of longitude that passes through both Dunkerk and Barcelona which took place in 1794, coinciding with this avenue being laid out. What the master was incapable of, the servant achieved, and the establishment became so popular that it became a point of reference that ended up naming the avenue. At the beginning of the street a section of the ancient walls that protected Barcelona during medieval times can be seen, and next to it, Drassanes, the 13th century shipyard under whose vaults were built the impressive ships that were the basis of Catalonia's power in the Mediterranean. The Museu Marítim - the Maritime Museum - is housed here, and is worth a visit. Since it was redesigned, it has become a real attraction for kids, as it includes the moving prows of flagships and walks along the seabed. The original plans of the Ictíneo, the first submarine designed by Narcís Monturiol, are on show in the Pere III hall. The port is across the road from Drassanes, where the boats known as "golondrinas" leave from, bringing you as far as the breakwater, and where an esplanade perpendicular to the Rambla begins: the Passeig de Colom, opening onto the port, where you can eat in the open air, and one of the restaurants has a sculpture representing a shrimp, designed by Javier Mariscal, designer of "Cobi", the Olympic mascot from 1992.

At the northern end of the Red Light district, there is a museum complex right in the heart of the medieval city, and where the Museu d'Art Contemporani de Barcelona (MACBA - Barcelona Contemporary Art Museum) and the Centre de Cultura Contemporània de Barcelona (CCCB - Barcelona Contemporary Culture Centre) are virtually touching the Biblioteca de Catalunya (National Library of Catalonia), an impressive Gothic complex. The MACBA is a splendid building, an adulation of light, by Richard Meier. The CCCB has become one of the most innovative spaces where viewing art becomes a reflection upon the city: for me, every exhibition is an exciting surprise.

The other side of the Rambla holds one of Europe's most agreeable medieval complexes. In fact, the centre of the Roman colony, founded by the Emperor Augustus two thousand years ago, had previously been erected on this very site. The Roman forum was where the present-day Plaça de Sant Jaume is, where two palaces were built in the middle ages: the seat of the Generalitat - the Catalan autonomous government - and the Casa de la Ciutat, where Barcelona is run from. Here, where public affairs were dealt with twenty centuries ago, the equally public matters affecting Catalonia and its Mediterranean capital city are managed. In the vicinity, the Gothic cathedral still remains, as does the Royal Palace with its Tinell Hall where Christopher Columbus was received after his first voyage to the New World. But the Gothic District is much more: shops with tradition, where everything from antique books to craftwork in wax can be found, not to mention antiques and jewellery reproductions. There are also small museums such as the Frederic Marès with its collection of religious sculptures and the city's best terrace cafe; the City History Museum with its labyrinthine Roman Barcino; and the Call, that open-air museum which used to be the Jewish Quarter and can be gradually discovered, bit by bit, from Plaça de Sant Jaume where the only entry to the ghetto lay.

Just a step away from the Gothic District is the Via Laietana, a broad, undeviating street built through the middle of the old city, demolishing the dwellings of 2,000 families in 1907 by making fine use of the pickaxe, in order to connect the centre and the port, and with the idea of creating a passageway invigorated by financial and stock-broking businesses. These new buildings that remind one of the Chicago school in North America hide very interesting streets on both sides, as well as some unique buildings such as the Palau de la Música Catalana, an *art nouveau* concert hall by Lluís Domènech i Montaner, with a spectacular stage decorated by sculptures in relief by Eusebi Arnau, while Pau Gargallo did some spectacular groups in stone at the entrance in homage to Anselm Clavé and the young women of Flor de Maig, and also to Ludwig van Beethoven and the Valkyries' cavalcade. Very close by is Els Quatre Gats cafe, a hostelry designed in 1895 by Josep Puig i Cadafalch, where one of the most avant-garde intellectual exchanges took place, involving Santiago Rusiñol, Ramón Casas, Isidro Nonell, Miguel Utrillo and Pablo Picasso.

As a sort of natural continuation of the Gothic district, we come to the sailor's Ribera District, with its 14th century mansions and laneways, where we would not be surprised to see medieval standards materialising. This area is centred on another cathedral, the basilica of Santa Maria del Mar in the Catalan Gothic style. Its exceptional beauty is combined with marvellous acoustics, which has allowed concerts to be held there, that take on solemnity and a disconcerting air of mystery within its stone walls. This traders' cathedral was erected in 55 years and financed by merchants and shippers, and its stained-glass rosette radiates its light throughout the interior as if it was striving to portray an ethereal pathway fashioned by Providence. Adjoining it is a square in red brick, symbolising the blood of those who defended Catalonia's national rights during the War of Succession in 1714. Tradition has it that the city's defenders were buried in the basilica's cemetery in the shade of a number of broad-crowned trees that gave their name to this open space, the Fossar de les Moreres - the Cemetery of the Mulberry Trees. Also in this district, which smells of ancient brine, we must not miss a genuinely medieval street whose city mansions emphasise the splendour that Catalonia knew in the 13th century, when it formed a real Mediterranean empire: this street is the Carrer Montcada. Some of these little palaces have been turned into museums, such as the Textile and Clothing Museum and the Picasso Museum, which in reality is formed by three of these mansions, and where 3,000 drawings and paintings from Picasso's youth and also his "Las Meninas" series, along with a collection of works that his widow, Jacqueline, willed to the museum are housed. We would particularly recommend two establishments in C. Montcada, one of which sells quality craftwork - Populart - and a hostelry, Xampanyet, where you can relax over a glass of Catalan champagne before continuing your visit.

At the edge of this district, we come to the Ciutadella Park, 30 hectares that had been occupied by a massive star-shaped fortress which was built on the orders of Philip V to house the soldiers charged with maintaining order in a city that had rebelled against this first king of the House of Bourbon. It was demolished shortly before the Universal Exposition of 1888, and the site was handed over the city. The arsenal of the old fortress, now housing the Catalan parliament as well as the Modern Art Museum (which includes a magnificent collection of Catalan *art nouveau* works); the governor's palace, which is now a school, and the chapel, which is opened when there is a military celebration, still remain. This whole district formed the main core of a spectacular demonstration of industrial novelties at the end of the 19th century, from which the Castell dels Tres Dragons (Castle of the three dragons), used as cafe-restaurant during the ex-

position, and now Zoology Museum, as well as the Arc de Triomf, which was the entrance gate to the exhibition, are still in existence. Near the castle with its red-brick crenellations, designed by Domènech i Montaner, there are shade and glass houses (Umbracle and Hivernacle). The later is a typical iron-and-glass structure of a design contemporary in taste and style to Eiffel's designs. There is even a Geology museum in a Pompeian building.

The gardens were laid out by the French landscape-gardener Jean Forestier, centred on the monumental fountain inspired by the Fontana de Trevi in Rome, which the young Antoni Gaudí worked on. The park contains the zoo, set up in 1902 and reinaugurated in the 40's. The main attraction is Copito de Nieve, a very unusual albino gorilla. There is a lovely romantic fountain - La Dama del Paraguas (the woman with the umbrella), which became a symbol of the city in the sixties, and came to worry one of the city councillors in Franco's time, as the tourists might think that the Catalan capital was as rainy as Northern European metropolises.

A golden square in the bourgeois grid

Barcelona's "Eixample" (expansion) is urban proof of the wealthy industrial Catalan bourgeoisie of the second half of the 19th century and the early 20th. An engineer, Ildefons Cerdà, planned a city beyond the choked old city, and laid out a grid-plan outside the city walls, with wide streets and one-hectare blocks of apartments with gardens in their interiors, while just two streets were to break the rationality of the grid: Diagonal and Meridiana. These two avenues directed both the city's growth and its natural exits like spearheads. This bourgeoisie that managed to get on the express train of the industrial revolution, and suffered fever for the gold that business yielded, put their money on cultural renewal, and in the field of architecture this allowed a whole generation of individuals to express their creativity through the *art nouveau* movement, known in Barcelona as *modernisme*. The best-known names from this movement were Antoni Gaudí, Lluís Domènech i Montaner and Josep Puig i Cadafalch. Thanks to them more than anyone else, Barcelona has an open-air museum, popularly called the "quadrat d'or" or Golden Square, one of the Catalan capital's identity symbols, and which is furthermore a marvellous shopping and leisure area.

The Passeig de Gràcia is the city's most elegant street, and follows the route of the old road from the old city to the town of Gràcia, now just a district, although it still has its own character. This broad tree-lined avenue is bordered by elegant *art nouveau* buildings on both sides, with chic shops, bustling shopping galleries, obvious bank headquarters, sophisticated fashionable restaurants and well-thought of art galleries. On each side of the avenue, leafy trees give shade, and *art nouveau* benches with wrought iron lamp-standards by Pere Falques invite one to take a break on one's way and contemplate the ever-changing spectacle of people coming and going from here to there. Moreover, the paving is also to a design of Antoni Gaudí's.

Over these last hundred years, the Passeig de Gràcia has acted as the thermometer that measures the temperature of Barcelona's social life. While it was the vitrine where the first cars parked in the early 20th century, and couples strolled, under the watchful eyes of their mothers sitting on the rows of seats, later it was the preferred promenade of ladies in their Sunday clothes walking their sleeping babies in their elegant perambula-

tors, and finally, after an interlude of decadency coinciding with the end of Franco's regime, it was recovered as a grand boulevard, in some way the most popular street, more or less Barcelona's Champs Élysées. What is more, before it was turned into a street in the Eixample, there was a fun-fair of that name here, with a huge roller-coaster. The Passeig de Gràcia and its parallel Rambla de Catalunya are the mainstay of the city's commercial life. This shopping district continues down into the heart of the old city through the Portal de l'Àngel, and goes up along Diagonal passing through Francesc Macià, with great fashion designers on the inland, mountain side, and l'Illa, Pedralbes Center and El Corte Inglés on the seaward side of the avenue, which then continues past the university before becoming a motorway.

The most famous block of houses (the block of "discòrdia", dissension) is actually in the Passeig de Gràcia, and is thus known because there are three exceptional *art nouveau* buildings here: the Lleó Morera House, designed by Domènech i Montaner, with a period lift and whose first floor still has its original decoration (although the furniture is now housed in the Modern Art Museum) allowing us to imagine the life of the family who paid for all of this. Loewe has its premises on the ground floor, which has recently recovered its original structure and decoration, and shares the corner frontage with Cartier's jewellers. Three houses further along - one of the intervening houses is home to an interesting perfume museum - we come to the Amatller house, planned by Puig i Cadafalch. This is a gracious combination of styles, including a number of Gothic and Moorish windows with wrought iron grilles. This is headquarters to the Instituto de Cultura Hispánica (Hispanic Culture Institute), while the ground floor houses Bagués' jewellers, who produce copies of *art nouveau* jewellery by the great master jeweller Masriera from original moulds and drawings. Finally, we come to the Batlló House, by Gaudí, with a glazed tile roof which is supposed to represent the dragon, while the perforated cast-iron balconies that resemble masks are also intended to refer to the legend of Sant Jordi (St. George), patron saint of Catalonia.

Not far from the Batlló House, in C. Aragó, we find the Fundació Tàpies, where the artist has his own museum, and where avantgarde exhibitions are held. Accommodated in the old red-brick headquarters of the Muntaner i Simó publishing house, it was renovated by a descendant of Domènech i Montaner, Lluís Domènech, and crowned with a sculpture by Tàpies himself entitled "Cloud and Chair", which is at its best when the sun is shining. The Milà House is also in the Passeig de Gràcia. It is better known as the Pedrera - the quarry - and is far and away the most-visited work of civil architecture of Gaudí's. Built at the beginning of the 20th century, it was conceived as a huge pedestal of Montjuïc rock, for an enormous group sculpture dedicated to the Virgin Mary that never came to be produced. Gaudí demonstrated his creative gifts better than ever in the serpentine facade which makes a real landmark of the building. A visit to the roof is worth the trouble, as you will discover a number of chimneys that remind one of medieval heroes' helmets. From here, you can see the needle-like towers of the Sagrada Família Temple (Holy Family). Nowadays, this building houses the headquarters of the Caixa de Catalunya Foundation, thanks to whom the building has been restored, and who constantly holds exhibitions in its first-floor hall. A mere forty metres away, you can visit one of the city's temples of design: Vinçon. It occupies an interesting apartment which belonged to Ramón Casas, the art nouveau painter. Vinçon's shop-

windows are real works of art - but temporary ones - while a collection of all the best in Catalan design is to be found inside.

It is worth your while continuing your stroll to see the other remarkable art nouveau edifices in this general area, such as the Thomas House, in neo-Gothic style and designed by Domènech i Montaner, where you will find BD. Ediciones de Diseño, who sell reproductions of Gaudí's furniture; then there is the Palau Montaner, the headquarters of the central government's provincial delegation, the work of the same art nouveau architect. The Terrades House, or Casa de les Punxes (house of spires) with the sharply-pointed roofs to its towers, where Puig i Cadafalch solved the problem posed by an irregularly-shaped block in a creative manner. Then again, there is the Palau Quadras, designed by the same man, a neo-Gothic palace that now houses the Music Museum. In C. Casp, we find the Calvet House, by Gaudí, belonging to a family dealing in textiles, and whose ground floor allows one to have a relaxed break on one's way, as it now contains a restaurant with an art nouveau ambience and typical cuisine.

Our visit to art nouveau Barcelona demands a trip out of the centre to the northern districts if we want to get a proper idea of it. The Sagrada Família has named one of these districts in the grid-plan Eixample. This is Gaudí's most grandiose work, and has become a symbol of Barcelona. However, the original work was planned by Francesc de Paula Villar, and in 1883, a year after work had started, Gaudí was charged with continuing it, making a virtue of improvising as he went along. When the apse was finished, he decided to go to live on site in the church. The first tower of the Birth facade was completed in 1921, and he died three years later, run down by a tram. The architect now lies in the crypt of the temple. Its construction continued in the hands of individuals who had worked directly under him, following drawings and sketches, and accompanied by a degree of controversy. At the far end of the avenue beginning at the Sagrada Família, and which bears Gaudí's name, we come to the Sant Pau hospital, an extraordinary complex, begun in 1902, and planned by Domènech i Montaner. It is formed by pavilions set in gardens, and connected by underground tunnels. The Monumental bullring is just ten minutes away from the Sagrada Família, the only place where bullfights can be seen in the season. Built by Mas i Martorell in 1915 in a charming Moorish style, it contains a museum devoted to the art. Then, three streets further on, there are Els Encants, the flea market, where searching and haggling will find you unimagined treasures.

At the foot of one of the city's hills, to the north of the Gràcia district, you will find Gaudí's dream-garden: Park Güell. Recognised as Heritage of Humanity by Unesco for its originality, the original idea of this garden city was Eusebi Güell's, the Catalan aristocrat, but the magnitude of the project condemned it to failure, and only two buildings were raised; the architect lived in one of them until he went to live on site at the Sagrada Família. The estate, designed between 1910 and 1914, gave Gaudí the opportunity to establish that nature provided the architect great possibilities of building in harmony with it. This visit is a must. The entrance to the park is particularly impressive, with its stunning mosaic dragon fountain, and the hall of the hundred columns, which supports a circular plaza, edged by a wavy mosaic bench of broken tiles that Josep Maria Jujol was involved in designing.

Montjuïc and Tibidabo, two parks with views

Montjuïc with its vista over Barcelona is a park that provides views of the city. Here is the Olympic Ring where the games were held in 1992, but it also has some very interesting cultural sites. The present stadium holds 70,000 spectators and has kept the facade of an earlier neoclassical one, which was to house alternative games to those held in Berlin, which Hitler craved as Nazi showcase, and whose popular version never came to be held because of the Spanish Civil War. Next to it, the Palau Sant Jordi, a lay cathedral designed by the Japanese architect Arata Isozaki and dedicated to the patron saint, and a classical temple by Ricardo Bofill which is the headquarters to the National Institute of Physical Education of Catalonia, can be visited. Those of us who are nostalgic can visit a little museum inside the walls of the stadium where mascots, souvenirs and medals from the 1992 games are on show.

Montjuïc does not have a single museum: it has a string of them. The Miró Foundation, planned by Josep Lluís Sert, is one of the city's most dynamic art centres, with continual avant-garde shows. What is more, it holds Miró's permanent collection of engravings, paintings, sculptures and tapestries, which can be seen in natural light thanks to the museum's design. Palau Nacional, built for the Universal Exposition of 1929 holds an excellent collection of Romanesque art, with a series of extraordinary frescos from the 12th century, removed from the churches in the Catalan Pyrenees to save them from decay and theft. It also houses a large collection of Gothic art from all over Spain, with special attention being paid to the work of Lluís Dalmau and Jaume Huguet from the 15th century. Another required visit is the Archaeological Museum, which takes advantage of another palace from 1929, with splendid finds from the old Greco-roman colony of Empúries and a remarkable collection of Visigothic jewellery.

But Montjuïc has many other attractions, going from "Poble Espanyol" with its synopsis of architecture and crafts from all areas of Spain, with 116 buildings from different parts of the country; the Mies van der Rohe Pavilion, reconstructed from the original of 1929, a fine example of rationalist architecture; and the 18th-century castle on its summit, with a collection of old weapons and models of medieval castles. And of course, the illuminated fountain at the foot of the mountain, conceived by an engineer, Carles Buigas, which provides a great show of light and music at weekends, with the Palau Nacional and its eight beams of light as backdrop.

The city's other mountain, Tibidabo, has a funicular that goes right to the top. Prior to that, we advise you to take the blue tram that travels up the Doctor Andreu avenue, named after a famous pharmacist who invented a popular cough drop and developed this avenue, as well as building the funfair on its summit. During the trip, we discover the project's romantic spirit as well as how *art nouveau* changed over time into something new: "noucentisme". The last turn of the tram brings it right past a Science Museum, which is constantly visited by schoolchildren. It is best recognised by the submarine at its main door. At the top, as well as the Expiatory Temple of the Sacred Heart, there is a funfair that brings us back to the magic of those early twentieth century amusement parks - although in recent years, the amusements have come to include a number using the most up-to-date technology. But the main point about this little funfair is that side-by-side with an airplane or an overhead railway from the beginning of the century, there is the recently installed exciting Hurricane and the

phenomenal Aladdin's Carpet. There is also an Automaton Museum in an *art nouveau* space, whose mechanical gadgets thrilled the kids of the twenties, and are now an invitation to rediscover the fascinating world of our grandparents' amusements. It is undoubtedly the only one of its kind in the world. Nearby the funfair stands Norman Foster's telecommunications tower, which provides the best view of the city. Some even say that with special glasses, on exceptionally clear days, one can even see the Balearic Isles on the Mediterranean horizon.

The post-Olympic Barcelona medal

The Olympic Games provided an opportunity to rebuild the old industrial district of Poble Nou, being reborn as a new neighbourhood by the seashore: Vila Olímpica - the Olympic Village. Where there had been a conglomeration of old industrial structures, brick chimneys and ancient 19th-century storehouses, a modern district with views of the sea sprang up. The sea, too, was retrieved for the people of Barcelona to enjoy, - more than four kilometres of beach - where fashionable discotheques, restaurants and bars are to be found today. Thanks to the sporting event, the old industrial complex has been transformed into 2,000 apartments standing in an area of 60 hectares, and the same again of open spaces. What was built as the Olympic Village for the athletes in now a modern, fashionable neighbourhood. Two skyscrapers, 44 storeys high, were built here, the highest in all of Spain, one as an office-block, and the other as a hotel, and between them stands a gigantic sculpture of a golden fish by Frank Ghery. Right next to them is the bustling Port Olímpic, where fish restaurants vie with one another for clientele.

Barceloneta, the fishermen's quarter, is close by. Built in 1753 by a military engineer, Cermeño, it was intended to house the people who had been dislodged when the Ciutadella was built. It has benefitted from the planning improvements in the zone, without losing its marine temperament. Port cafes, good fish restaurants, and surprising nooks at every turn. Meanwhile, the avenue which used to be called "National" and is now called after a king without a crown, Juan de Borbón, has seen designer establishments open next to the old port installations. At the end of the avenue, next to the Museu d'Història de Catalunya - the Catalan History Museum - which contains a well-explained synopsis of the past of the old Mediterranean nation, there is one of the innovative developments of post-Olympic Barcelona, Port Vell - the Old Port - newer than ever. The Aquarium is here, the largest of its sort in Europe, with its fine collection of sharks. Here, you can walk down a passageway with water on all sides, as fish of all sorts of species swim calmly past. Maremàgnum, too, a complex of shops, restaurants and premises devoted to amusements overlooking the sea, is reached by a movable wooden bridge, connecting the Rambla with this arm of the sea known as the Port Vell.

Each district has surprises that aren't in the guidebooks

But Barcelona is more than this. Each district has surprises that the guidebooks don't tell you about, so that it is a good idea to wander around some of them, especially the most historic ones such as Sarrià, Gràcia, Pedralbes and Sants.

The most-visited museum in the city is in one of the residential districts, Les Corts: the F.C. Barcelona museum, where you will learn the history of this century-old club, see the trophies it has won as well as mementos of its most famous footballers, watch videos of matches, and imagine yourself to be chairman of the club for a few minutes, as the entrance fee includes the right to sit in the chairman's box. The museum is next to the stadium, which was designed by Francesc Mitjans and has a capacity of 120,000 spectators. Barcelona is one of the best clubs in the world, but above and beyond its financial strength, it is a symbol of Catalonia. Don't miss the shop, where you can find a version of any product you care to imagine in the club's colours: blue and deep red, from fizzy wine to sets of sheets.

In Pedralbes, you can visit the Gothic convent that carries the name of this elegant residential neighbourhood, founded by Queen Elisenda of Montcada, the fourth wife of King Jaume II. A part of Baron Thyssen's collection of religious art is housed in the old halls of the convent. The exhibition contains sixty works by such important artists as Fra Angelico, Canaletto, Veronese, Zurbarán and Velázquez. The Royal Palace of Pedralbes is quite close by: this is an old estate house turned into a palace, presented to Alfonso XIII by Eusebi Güell as his Barcelona residence. Visitors can view the throne standing on gilt lions, designed in order to stress the King's dignity. Moreover, the palace also houses two museums: one devoted to the decorative arts, and the other to ceramics, and all of this in the midst of a romantic garden.

Gràcia, now a district, but previously a city in its own right, has literary squares such as Plaça del Diamant, written about by Mercè Rodoreda, and holds an open-air jamboree every August during the district festival. Then there is Sarrià, where you can visit the planetarium, the various pre-war mansions and even the Teresian college, an early work of Gaudí's when he had a special interest in the workings of Gothic architecture. And we mustn't forget the cake shop once owned by one of the great Catalan poets: Josep V. Foix.

But guidebooks are not like dowser's hazel rods, used to find water. The traveller will do well to stroll around those districts which he has previously visited in his imagination, but then he must be guided by his intuition and lose himself in his search for the many cities contained in this modern metropolis called Barcelona. A city that has undergone three major transformations in the last century, thanks to the two expositions and the Olympics, as if it needed a formal excuse to show itself and the world just what it is capable of. The city of Barcelona is destined to be capital, although surely the fact that it is not so has saved it from being the victim of civil-servant architects, civil-servant planners and civil-servant mayors. This metropolis has managed to find its role among the great cities, being partly Paris, partly New York, and a little bit provincial. Because along with this fascination for wide open spaces (parks like the Espanya Industrial, squares like Els Països Catalans, and districts such as Vila Olímpica are good examples), sculptures in the streets (Liechtenstein, Miró, Clavé, Botero and Pepper have raised monuments in recent years)

and temples of culture (the Auditori, Teatre Nacional and MNAC are post-Olympic instances), there is a city able to remain engrossed in itself with little squares in the heart of Barceloneta and the Old City, keeping alive the spirit of traditional shops and conquering time, to rediscover the pleasures of chats by Canaletes or in the city markets - time has its own rhythm in these spots. Barcelona is a city on a human scale which has managed to plan to live better and has seen to it that its inhabitants are proud to be so. Barcelona is a mixture of sensations where the greatest pleasure is feeling the sun on your face in winter while having a steaming coffee in one of the city-centre cafes. Where a stroll is still an intelligent investment, and where history is written every day because modern times bring new events to be publicised immediately. It may not be the best city in the world, but is among that handful of capital cities that always have some secret to be discovered, because you never manage to get to know them all. This Barcelona of the sensations, which to paraphrase Anthony Burgess, is not in a Spanish straitjacket, but is free to reign over the manifold cultures of this sea that, when all is said and done, has produced us all.

Màrius Carol

Las fotografías que figuran en las páginas de este libro
corresponden a:

Toni Catany
21, 22, 23, 42, 43,
45, 48, 50, 51, 56, 59 inferior, 80.

Paco Elvira
17, 30, 31, 32, 34, 36, 37, 38 superior izquierda,
44 derecha, 54 derecha, 58 inferior,
59 superior, 60, 61, 64, 66, 67, 70, 72,
73, 74, 75, 78, 79, 81, 82, 83, 84,
85, 88, 89, 94, 95.

Antonio Espejo
19, 20, 26, 29, 40, 41, 44 izquierda,
55, 63, 65, 68, 69, 71, 76, 77, 86, 92, 93.

Ramón Manent
25, 49.

Xavier Miserachs
57, 58 superior.

Manel Pérez
18, 24, 33, 38 inferior izquierda,
52, 53, 54 izquierda, 62.

Martí Pié
35.

Ramón Raventós
27, 28, 87, 90, 91.

Archivo Lunwerg
38 superior e inferior derecha, 39, 46, 47.